JN125832

科学と宗教

――その本質的違いと関係の解明

内藤正俊
Naito Masatoshi

風詠社

はじめに

宗教は、非科学的という言葉で代弁できるように、旧世代の知恵の代表で捨て去るべきもの、忌まわしいもの、科学は新世代の知識の代表で百パーセント歓迎すべきものと考え、科学がナンデモ解決する。それは絶対的と信じるから宗教と化している。ゆえに何事も科学的に見て考え行動するべきと望む。

しかし現実に人はそんなに科学的にもなれないで、宗教は非合理的で不合理とか言いながらもそれからナカナカ抜け出せない。

知性の面ではとかく、両者はとても共存できない対立するものと思われて久しい。しかし、現実は仲良く共存しているようにも見える。では不釣合いな男女の腐れ縁のような科学と宗教の魔可不思議で不可解な関係をどう理解するか。両者の関係を解き明かす諸説も多い。そのほとんどは、具体的事項を扱う、即ち森とその森の木々で言えば、木という部分にだけ視点がある。しかし本書では、この関係を哲学的に解き明かす。森とその森の木々で言えば、森という全体を見て考えてみようと意図するのである。

目次

A　どうして？（目的と手段）

陶器が陶器師と争うように、おのれを造った者と争う者はわざわいだ。

（イザヤ書 四五章九節）

造った者と造られた物とどちらが偉いか。言うまでもなく造ったほうである。ところが時に、それが逆転する。そうなれば右の言葉のように呪われ、不幸になるのは当然である。

器を造るには、物を入れるという目的がある。その目的は造る側にあり、その目的に合うようにその（入れることの手段として）器を造る。そしてそれが用を足し、役立つという場合に「それは価値がある」と言われ、造られたことの「意味がある」ということになる。

ここで決して間違えてはいけない大切なことは、目的の重要性である。目的があって初めて手段が問われる。この逆は決してないということである。目的が主人であって、手段はその僕である。

ところが間違った考えに人がとらわれると、この僕のほうが主人より偉くなって、僕が主人に命令するようになる。一事が万事で、下にあるはずの者が上になり、上にあるはずの者が下になる。そうなれば上の口からモノを出し、下の尻からモノを入れなければならなくなったりする。すべてが逆さになっていくのだ。だから、この下克上こそがあらゆる不幸の始まりであるとわかる。その一番の始まりは、自然、宇宙自体そのもの（造られたもの）やその中にある個物（すべて造られたもの）を神とすることである。

カメラと自動車と

自然科学の発達は目覚ましく日進月歩である。その象徴が機械の進歩だ。そのため、「何でも機械でできる」とまで考え始めている。しかし、いくら素晴らしい機械が出来ても、その機械にできないことがある。イヤ、機械にさせてはならないことがある。即ち、いくら科学が発達しても絶対不可能な問題がある。それは、人間の生きる目的については何も答えることができないという点である。いや、そこまで科学がものを言ってはいけないのである。

具体的に言うと、今その機械の代表としてカメラと自動車を例にして考えてみよう。

カメラも進歩して、自動的に焦点を合わせシャッター速度も自動的に操作することでフィルムに入る光量を調整してくれるので、誰が撮っても失敗はない。確実に映る。それがどんな時もキレイに映る――ナンテことになると、何でも撮れる、映せる、何でもできると思うようになる。しかし、それだからといって、逆に「ナニを撮るか、どこを映すか」までそのカメラが決めるということは絶対できない。それは、あくまでそのカメラを持つ人が決めることのはずであるからである。

自動車の進歩も素晴らしい。故障は少ないし、スピードも速くなり、乗り心地も良くなった。人や物を運ぶことなら何でもできる。ハンドルすら無くなり運転も自動になるかもしれない。それで、何でもできると思えるようになると思う。しかし、その優れた車でも絶対できないことがある。どこに行くかは、車自体が決めることはできない。どこに行くかは乗っている人が決めるのであるから。

カーナビゲーションなる機械があり、車に付いている。行きたい場所がどこにあるか教え、その道筋を導く。その上、自分の車の今いる位置も教えてくれる。しかし、自分の行くべき場所、いる位置まで教えはしない。即ち、いくら自動車の性能が良くなり、カーナビのような装置が取り付けられて便利になっても、決して自動化機械化できないことがある。自動車やカーナビが運転する人間に「お前、北に行け、南に行くな」などと命令できないし、それは「してはいけない」ということである。

さあ夏休みだ、では、海へ行こうか山へ行こうか、どうしようかと迷う。その時、自動車に相談する。するとそれに付いているコンピューターやカーナビが示す「今年は山に行く人より海に行く人が多いです」と。ここまで調べ、言うことはできる。だがそれ以上要求しても「それはあなたの決めることです」と言うのが、主人に忠実な僕の答えである。

もしそこで「みんなが海に行ってるので、あなたも海に行きなさい。それが正しい」などと機械が言い出すとなると、これは恐ろしいことである。人間が機械を使うのでなく、機械に人間が使われているのである（その一番愚かな結末が、核戦争であろう。敵を殺すものが味方を殺す、イヤ武器が人間を殺すことすら考えられる）。科学の進歩は生活に便益をもたらす。だが「科学は決して人間の生き方を決める」ことはできないはずである。

それは「有る」を星の数ほど集めても、「有るべき」を決めることはできないからである。しかし、この「有る」を無数に集めても、「有るべき」を決めることはできないという当然のことが、わからない人が多いのである。

例えば、世界中のみんながしている、だからそれと同じことをするのが正しい（逆に、同じことをしないのは悪である）と当然のように考える。それに「伝統に生きることが何がなんでも正しい」と思う人は、いつの世でもいる。また歴史を研究する人の中には、古代から中世、そして近代に至るまで信じてきたのだから、それだけで正しいという者が後を絶たない。

どんな長い伝統（世々に有る）であろうが、皆がしてよう（どこにも有る）が、それが、善悪を判断する基準にはならない。多くの「有る」が「有るべき」にはならない。そうしてはいけないのである。それでは既成事実の積み上げが認められてしまうことになる。〝嘘でも百編聞けば本当らしく思える〟ということから、ウソも永く続けばそのうち、無理が通れば道理引っ込むで、真実のようになるということがこの世間にはある。

が、それはさも真実のような装いをし続けていて、人々もそう錯覚させられているだけで、現実はそう（即ち有るべき姿）なってはいないのである。ワラをいくら集めても柱にはならない。ところが、何もわからぬ者は、ワラでも無数に多くあれば柱になるように思う。

どちらの方へ行くべきか？

菅原道真の作とされている歌に「心だに誠の道にかなひなば、いのらずとても神やまもらん」というのがある。行いが正しく、心がけがよろしく、敬虔であるなら、たとえ祈らないでも事前に感応して、神の加護が得られるという説が昔からある。とにかく間違ったことはしないで、誠実に一生懸命に生きれば、正しい道を歩むので天国（極楽）だ、というものも多い。

しかし、大阪から東京に車で行くのに西向いて走っていたのでは、いくら誠実、勤勉であったとしても、確かに道をはずれてはいないにしても、もし向きが反対であるとなれば、近づくどころか遠のく。東を向いてないと目的の東京にはとても行けない。人生には、道は正しく、実に真面目で懸命に努力しているのに幸せになれないという人も多い。それは方向を間違えている。逆向きではいくら感心するほど立派な人でも、幸運とは無縁となる。

大切なのは、どう行くかという手段や生活の正しさよりも、まずその行くべき方角、目標である。前者を良くするのが科学で、後者の方角を定めてくれるのが宗教である。

どうして来たの？

方向を間違えず、ようやく東京へ着く、すると出会った知人が尋ねる。「どうして来たの？」と。そういう場合、返事に困る。意味が三通り考えられるからだ。

一つには、「どうして来たの、来た目的は何ですか？」という意味
二つには、「どうして来たの、来た乗り物は何ですか？」という意味
三つは、「どうして来たの、別に来なくてもいいのに」という意味

物事を否定的に見る人ならどうしても三つ目に考え、自分の行動そのものが否定されているように思うだろう。その点で、雰囲気が肯定的であるなら、一と二の意味を考えるのが普通である。一は行動の目的を尋ね、二はその手段を問う。普通こういう時、どちらの意味で尋ねたのか、その場の雰囲気や状況で大体推測して、相手に返事する。その返答が的を射ないものであれば、すぐ問い、聞き直す。ところが相手がものを言わない場合、人が勝手に一の意味でか、二の意味でか、それとも両方をまぜこぜにして自分の都合の良い方に解釈して、正しく理解し

たと自己満足するのである。

この一と三の意味での「どうして？」即ち行為や存在そのものの是非やその目的（その帰結としての意味や価値も含む）に答えるのが、宗教である。

この二の意味での「どうして？」即ち行為や存在の手段に答えるのが、科学である（日本人のご利益信心は少しこれとは違うので、この章の終わりに解説する。この「宗教が主人で科学が僕」という関係については、なかなか理解しがたい点があるので、しかも非常に大切なことなので、後にもう少し考えてみよう）。

どうしての違い

毎年春、梅の咲く頃になると「どうして」高校や大学に入ろうか青少年は悩む。だが春も終わりの、やまぶきの花が咲く頃になると「どうして、ボクはこの学校に入ったのか」と深刻に悩む者も出てくる。選択の誤りに気付くのである。

この同じ「どうして」という言葉でも、入る前と後ではまるで意味が違うのである。彼は、入る前は入試という入るための手段について悩み、入ってからはその学校に入ったことの是非や、その「意味、価値、目的」に悩んでいるのである。

そんなことなら、はじめから大切な一生を決める入学試験を受けるからには、その目的や動機を自ら問うべきだったのである。大抵の受験生にその大学を選んだ動機を尋ねると「ただなんとなく、みんなが行くので行こうと思った」というのが多い。

なにしろ「何のために」という人生の目的がはっきりしないのだから、学校を選ぶにしても確固たる目的や動機があったわけではない。周りにいる友達の動向や、その場の空気に左右されてしまって、その学校や学部を選んだのであろう。

こういうふうに考えれば、わかりやすいだろう。学校に入る手段、人生で言えば生活の手段を問題にするのが科学であり、入学の意味、価値、人生で言えばその目的、意味、価値を問うのが宗教である。

だから聖書をはじめ宗教書は、後者の疑問に答えるための書物である。「どうしてこの宇宙（自然）は出来たのだろう」と疑問に思った時、何の動機で、何のために神様は宇宙を造られたのかを説明しようとして書かれている。そういう筆者の意図を正しく取らないと、とんでもない見当違いの解釈をしてしまう。

多くの人は聖書のはじめ（創世記の一章から二章にかけて）にある宇宙創造の記述を読むと、非科学的だと一笑に付す。だが一方、あるキリスト信者と称する人たちは、これは科学的だと言う。これはどちらの意見も見当はずれである。

聖書のはじめには、宇宙（自然）はどうして出来たのかが書いてある。だが、それには宇宙の出来た理由（神から言えば本質的動機）を書いている。だから決して出来方の過程、仕方、方法なるものが書いてあるのではない。日本語の「どうして」という言葉には、How（どんな方法で、いかにして）とWhy（どういう理由で、なにゆえに）のような区別がない。そして「どうして」と尋ねる時は、主に前者のHowの意味で語っている。ということは、物や人や物事のすでに有るものに対し、その存在の是非、意義、意味、目的について、あまり疑問を抱かない精神構造をしていると思われる。

自然科学は前者の手続き、手段、方法を問う。これに対し宗教は後者の存在の是非、理由、意味、価値、目的、目標、動機を問う。だから聖書のいう天地創造と自然科学の結論とは合うわけがない。イヤ、合ってはいけないのである。ところが、こういう基本的なことがわからない宗派、教派は「聖書は科学的です」と言う。そういうことを言う人々は自らの説いている教説が如何なる根拠に基づいているのか、自らが何を目指しているのか、全くわかっていないのである。

科学の進歩は農業の分野でも例外でなく、誰でも食べたいご馳走が食べられるようになった。だからといって、何を食べるかは食べる者が決めるのであって科学や食物それ自身が決めるはずもない。住む家も広く美しいものを建て住めるようになった。しかしだからといって「ここにお前は住め」とは、科学や家自体が命令できるわけではない。これは、着る服、飲む薬、見るテレビ、利用するコンピューターなども同じであろう。このように科学の進歩がもたらした生活の便益や豊かさは計り知れない。今後もますます便利になるに違いない。

しかし、いくら進歩してもできない、やれないことがある。科学の進歩で発明、発見され、改良進歩した道具や機械や薬や技術、その知恵や知識でも、それはあくまで用いる人の僕であり、用いる人の主人にはなり得ない。即ち機械や道具や技術が人に用いられ支配されるのであって、人がそれら（科学の発展の結果出来た物）に用いられ支配されることはない、あってはならないことは言うまでもない。ところが、酒飲みが酒に溺れ酒に飲まれ、やがて酒に支配されてしまうように、機械（科学）に人が支配されるようなことも起こり得るのである。

人間の科学的知識は自然への鋭い観察の結果、道具から器械、器械から機械を生み出し、生活を便利にした。しかしいくら便利になったといっても、それを使う人間の生き方について、機械が主人である人間に命じることはできない。

手段と目的の関係

「自由ということは勝手気ままにすることとは、全く違う」という言葉を、よく偉い先生から聞いてきた。これには一つの間違いがある。言葉の定義と実現手段の混同がある。自由の定義は、辞書に「こころのまま、おもいどおり、わがまま、かって」とあるように、自由とは〝勝手気ままにできること〟のはずである。

だが勝手気ままにしておれば、自由がなくなってしまう。――だから、この先生は後者の意味でこれを語られたのである。

人間のすることには、すべて目的と手段がある。そして目的を成し遂げるためには、手段という道を通らざるを得ない。しかも利益を得るという目的を達成するには投資をするという手段を経なければならないように、やることが正反対である点に問題がある。それに手段は目的を忘れるほど徹底する方が、目的を遂げやすくなるという問題がある。即ち、上手な商売人は自分の金儲けという目的を果たすために、まるで正反対の様子を装い、「お客様の方に儲けていただきます」と言う。また事実、彼らはこれに徹するゆえに、本来の目的を忘れているほどに客に奉仕するものである。だから、これらは非常に混同しやすい。

繰り返すが、することの内容は全く正反対にある。特に日本人はこの両者を分けて考えることができない傾向がある。手段の目的化あるいは目的の手段化である。この手段と目的の関係は、農業で喩えれば、手段は種蒔きで目的は収穫になる。前者は捨て、後者は拾うので全く正反対になる。種を蒔くのは収穫のためであって、地にうずめて腐らせるのが目的なのではない。同様に勉強は知識を取り入れるが、それはやがて必要な時、取り出すことが目的である。資本家は資金を事業に投資する。それは損をするためにするのではなく、投資以上の利潤を得るためである。

信仰は自分（罪の姿）を捨て、それによって本当の自分（神の姿）を得ることにある。神に仕えることで、逆に神が仕えてくれる。この目的と手段を取り違えては、することすべて失敗、その人の人生は不幸になる。生きるために死に、収穫のために蒔くのに、それを取り違えれば生きるものも死に、収穫されるべきものでも収穫に失敗する。

幸せになるためには、不幸を耐え忍ぶことがなければならない。また命を得ようと思うなら、

命を捨てるぐらいのこともしないといけない。だがイエスは言う、

自分を捨て、自分の十字架を負うて、わたしに従ってきなさい。自分の命を救おうと思う者はそれを失い、わたしのために自分の命を失う者は、それを見いだすであろう。

（マタイによる福音書　一六章二四節、二五節）

だが決して死が目的なのではなく、不幸が目的なのでもない。あくまで手段は僕、目的が主人にならないといけない。手段があまりに効果的であると、これが目的になってしまう。下克上、乗っ取りが起こる。本来、僕であるものが主人になってしまうのだ。

日本の学歴信仰がそれである。お稽古事、文化教室の繁盛がそれである。それをやっている人たちは、それが何に役立つのか考えようともしない。こういう習い事は、役立たなければ何の意味もない。だから先進諸外国では、日本のように猫も杓子も大学に行くようなことはない。

昔の日本軍は、中国に上陸した当初から、目的を喪失していた。あってもそれがどんどん周りの状況（環境、場）に流されて変貌していった。そして遂には、戦うことそれ自体に意味があるかのように、手段がそのまま目的化していったのである。そして同じ失敗を何度でも繰り

返し、敵に勝つ（それは生きる）という目標がいつの間にか、死ぬこと（敗北）に変転してしまった。

山本七平氏は自らの軍隊経験を元に著した『私の中の日本軍』（文藝春秋）という本の中で、次のように書いている。

日本軍は原則として全兵士が歩いていた。（中略）その行軍の過程では、一切の思考力を失って、夢遊病者のようにただ歩いていても、それが当然である。（上巻74頁）

「戦死」とされているが実は「餓死」なのである。（同　106頁）

自らの目をつぶした大蛇が、自分で頭に描いた妄想に従って行動し、のたうちまわって自滅した。日本軍への私の印象はそれにつきる。（同　119頁）

日本の兵隊に潜在的にある自滅、あるいは玉砕への指向は、武士道のバイブルとも言われる『葉隠』にすでに表れている。

武士道といふは、死ぬ事と見付けたり。（中略）毎朝毎夕、改めては死に改めては死に、常住死身《しにみ》になりて居る時は、武道に自由を得、一生越度《をちど》なく、家職を仕果《しおほ》すべきなり。

（三島由紀夫著『葉隠入門』新潮社 39頁）

日々死ぬことが自由の道であるといっても、武士の務めを全うすること（それも生活の手段である）に目的があるはずなのだ。しかし武士道においては、その「日々死すこと」という手段がいつの間にか目的と化している。

この伝統は、今の日本の会社員にもそのまま生きているのではないか？ 会社のために、人生を捧げる企業戦士――世界中に活躍する日本ビジネスマンの無目的な経済活動などは、昔の武士、兵士と似てはいないか？

使徒パウロは「いつもイエスの死をこの身に負うている。それはまた、イエスのいのちが、この身に現れるためである（コリント人への第二の手紙 四章一〇節）」と同じようなことを書いている。だがその目的は、あくまで生のための死（死のための死ではない）と、はっきり断っている。手段が目的になること――それは汎神論的宇宙観（科学や無神論や仏教）の行き着くところである。この考えでは、神が即ち自然である。だから、人の到達すべき目標（理想）と、今有る環境（現実）とは同質である。それだからこういう考えに生きる人々の言動には、手段も目的も区別のない傾向が出てくるようである。

無目的で、何のために生きるのか、何のために生かされているのか、そもそも問いかけがないのである。日本の社会では、大抵の集会の席で誰も発言しない、恐ろしいまでに寡黙である。それはどうも単に「沈黙は金」「目立ちたくない」というだけではなく、「さしたる意見も持たない、考えない。特に意味や目的について考えない」というのと関係があるようである。道具、機械、器、衣服、薬そして学校や会社や地域や国や宇宙自然という場も、あくまである目的のための手段である。だからそれらの扱いから在り方まで、主人である人間あるいはその成員が、主導権を握るべきである。そこに生きている人間の方がそれらより大切だからである。

よく「生きる（目的）ために食う（手段）のであって、食うために生きるのではない」という言葉を聞く。しかし、こういう言葉があるということは、目的と手段を逆にしている人が〝いかに多いか〟ということであろう。今日も「食うために生きるのですネ！諸君！」そう言うと、今日出会ったオッサンは「わしは（酒を）飲むために生きているのじゃ！」と言ってたな！

B　有ると有るべき（事実と真理）

裁判官のお仕事は、犯人を裁くことだ。それには二段階のサバキが伴う。それにはまず、確かにその犯人が犯罪を犯したという確証を得ねばならない。その上で、法に照らして刑罰を定め言い渡す。事実の認定とその評価の二段階の裁きである。

ことは裁判だけでなく、私たちは日常的に、この二つの作業を同時的に行っている。例えば、買い物に行く。安い肉が売られている。するとそれは、何肉か、上質か下質か、新鮮か、値段の割にどうか、事実を調べる。そして次に、それを自分が買うに値するかどうか考える。モノの事情だけでなく、買い、料理し、食べる自己の都合を考え、丁度欲しいもので、買う余裕があるかどうか財布と相談するということになり、丁度それでよければ買うということになる。

科学というものは、その店頭にある、個々の物を正確に把握し、知らせる段階にとどまる。ところが普通、人はそれを買い、料理し、口に入れるまでしなければ生きていけない。宗教はその全部を考え、最善は何かを説き明かそうとする。前者は〝有る姿〟即ち事実を明確にし、後者は〝有るべき姿〟即ち真理とは何かを語る。

よくヤル事実と真理の混同

A氏がドロボウをやった場合、事実は、A氏がドロボウをやったということの判断だけにとどまる。これ対して、真理は「今、有る姿」をいうのではなく、「有るべき姿」をいう。だから、A氏がドロボウをやったことは、罪悪で正しいことではないという評価を下す段階にまで至る。だからこの事実と真理の関係を整理して言うと、A氏のやったことは事実であるが、A氏は（人としての）〝真理〟の状態にはない、と言える。

したがって、真理は事実に価値をプラスしたものを本質的に持っているのに対し、事実は、そのうちに価値を含んでいないから、何らこの価値評価を下す素材を持ち合わせていないのである。価値は、客観的事実の側にあるのではなく、人間主観の側にある。だから、ある真理の基準とする価値判断において、客観的事実は素材を提供するだけであって、これに価値を付加するのは、あくまで人間である。

そこで科学が、実験、観察を通して、事実を発見し、これを分析し、さらにこれらより、法則を発見するだけに終わるなら、その分を超えることなく、科学の役目は、その力相応の働きをしている。ところが、科学が価値評価を下すことができる（事実は、いくら集めても事実であって、真理にはならぬ。したがって、最初からこのことは不可能なのだが）には、事実とこれを支配する法則を超えて、世界や人生を支配する原理を発見し、さらに人間の有るべき姿を追求していかなければならない。

即ち、科学は、科学を超えて哲学に移行せねばならぬ。形面下より形面上の問題を扱わねばならなくなってくる。ところが実は、このような複雑な手続きを経ているうちに、これは人間がするのだから人間の主観の持つ価値がこのうちにいつの間にか入り込む。そこでこの哲学の方法もまた帰納的、即ち科学的でなければならないし、また、基本的資料も「事実」を採集したものである。

今、この資料となる事実がどこから出たものであるかというと、それは、自然を見渡し、これを観察し、実験できるものは実験し、人間から始まり、アメーバやウイルスに至るまで、調べられるものは調べて採集してきたものである。したがって、これは、生命のない自然より採集したものとか、人間や人間より低級な動物の社会より採集したものなどによって成り立っている。

だから、これらの資料より出来上がった哲学には「自然はこのように運行しているのだから、我々もこうすべきだ」とか、「世の中は、昔からこのような社会集団の法則によって動いているのだから、我々もこの法則通りの行動をなすべきだ」というような思想が生まれてくる。いずれにしても「自然や人間社会の事実や法則に我らも従うことが正しいのだ」という結論しか出てこないことは、最初より明らかなことである。

人間にとって、自然や人間社会の事実や法則は、あくまで手段であって、目的ではない。それがいつの間にか手段が目的にすり替えられ、本末転倒の世界を作り上げてしまっているのである。我々人間は、自然や人間自身が作り出す社会の支配的な事実や法則より自由であり、人間を取りまく自然社会を支配管理し、これを人間のために使う方が正しいのであって、自然や社会のために人間がいるのではない。

科学は、最初人間の生存と繁栄のための手段としてあった。ところがいつの間にか、あまりにこの手段が素晴らしいゆえ、目的にすり替えられて、人間の命とは何か、幸福とは何か、何のために生きるのか……などといった人間の生きる目標までも定める力があるかのように錯覚し始めているのである。

言うまでもなく、人間を取りまく環境、即ち宇宙、自然それ自体や、社会自体に真理、即ち生命があるわけがなく、人間以下のものに、人間の行くべき道（生きる目的。価値）を尋ねてもわかるはずがないのである。

ところが、現今の大概の知識人でも「科学は、事実を真理と見、逆に、真理とは事実にあるという信仰の上に成り立っている。即ち、科学には、事実（ある）と真理（あるべき）との間に区別がない」ということすら知らない、気付かない。当然問題にすらしない。

宇宙、自然は、それ自体神が造った船や自動車に喩えることができる乗り物であって、神が運転し、人間は助手席か後ろの座席に座っている状態にある。だから、自然はいかなる目標に向かって進んでいるのか、そして、自然の中にいる人間は、どこへ連れて行かれるのか、両方とも運転手である神に尋ねるしかないのであって、乗り物自体に尋ねても教えてくれないのである。当然であろう。ところが、そういう愚かなことをいつまでも万物の霊長である人がし続けているのである。

また、自然や宇宙は、ラジオやテレビと同じである。幼い子供は、ラジオやテレビの中でそのまま耳に聞こえたり目に映る通りに、箱の中で演じていると思っている。けれども、成長するとわかってくるように、放送局というのがあって、そこで作られた音や映像が電波に変えられ、それが空間を飛び、遠く隔った自分の家にあるテレビやラジオのアンテナに入り、再び音や映像に変えられるのを知る。

これと同じように、人間は賢明になればなるほど、自然や宇宙には音や映像（意味・価値・目的）の原因がないことを知る。そしてそれら「地のもの」が、単に天（神）の放送局にすぎないことを悟るのである。しかし後に述べるように、自然は神の創造物だから、そこに神のメッセージが書かれている。だから、自然を探求すれば人の生き方までわかると長く考えられてきたのである。この考えが科学を発展させた。これで確かに、生きる方法や手段はわかり非常に便利になった。が、しかし、その目的や意味まではわからないはずである。

もちろん、我ら人間は、自然よりはるかに秀れた受信機であるから、信仰というスイッチを入れ、祈りを通して天の放送局の周波数やチャンネルに合わせられるならば、直接神の声を聞くことができるのである。人間は、前者のように間接的にせよ後者のように直接的にせよ、神の波長に合わせられなければ、この世（自然宇宙）に生きることの真の意味が見出せないのである。

土台と建物

人間は、何物かと関係を持つ場合、まず第一に、その対象が牛であるか、馬であるかという事実を明らかにせねばならぬ。これが明白になると、第二に、この事実が自分と関係を結ぶに価するかどうかという意味付け、即ち価値判断が加えられなければならぬ。

この第一の事実は、丁度建物の土台であり、第二の価値評価は建物である。これらは全体として見る時、真理あるいは非真理（虚偽）と呼ばれる。

聖書も同様であって、聖書は読まれ、まず何がそこに書かれているのかという事実が明らかにされなければならない。ビルにおいて、土台がしっかりしていないと、上の構築物は立ち得ないのと同様、事実ではない虚構の上に真理は立ち得ない。そこで、これが力説されるあまり、事実ばかりが問題にされ、追及され、ビルを作る土台をしっかりしたものにしなければならぬという考えが強すぎて、穴ばかり掘り続けている者がいる（聖書は、岩盤が露出した土台であるので、聖書に書かれていることを、そのまま認めれば、天に届くようなビルも建てられるのである）。また、土台さえ完成すれば、ビルはタケノコが生えるように、放っておいても建つのだと思っている者もいる。その思想には、事実の中に最初から価値（即ち命あるものより生じるもの）が、含まれているという考えがある。

キリストが、処女マリアより生まれたというのは本当かウソか調べても、その結果は、事実を明らかにするだけだから、土台を築いたにすぎない。また、聖書の原典を研究したり、言語の成り立ちを調べたり、聖地を掘り起こし、考古学的調査をしても、それは事実を明らかにしたという、建物の土台を固めたにすぎない。

だから、聖書の原典がスラスラ読めても、聖書の物語や、御言葉をすべて記憶していても、それは事実にすぎぬのだから、その人の信仰とはなり得ない。即ち、原典は読めても、御言葉を暗記していても、聖書には何が書いてあるのかわからない（これについてはヨハネによる福音書　三章二七節　コリント人への第一の手紙　一二章一〇節、一四節などを参照）。

それは学問（事実）であり、信仰（真理）とはなっていないからである。事実、イエスのそばにいて、生身のイエスに直に触れ、彼の言葉を直接に浴びるほど聞けた人々がイエスを必ずしも信じたわけではない。

キリストが十字架にかけられ、死んだということは、歴史上の事実であった。これは絶対にウソではないと信じたとしても、第一の土台の作りだけが出来ただけであって、第二の意味付けが、少しもされていない。この意味付けをするのは、事実を明らかにすることを本分とする科学的方法によってできることではない。まして、事実の中に意味が生まれるはずがない。なぜなら、事実とは、まだその内に命のないものであるからである。

あるがあるべきを決めてはならない

このように、有る（事実、現実）は有るべき（真理、理想）とは基本的に違うということである。少なくとも有るべき姿が有る姿を決めないとおかしいのに、現実には有る姿が有るべき姿を決めている。

誰もいないレストランに入れば、すぐ食事にありつけるが、なんとなく悪いことをしているみたいで、居心地が悪く食事も美味しいとは思えない。満員のレストランは注文してもナカナカ食事が来ないが、大勢いるからか美味しいと思う。ミニスカートもそれが流行れば、誰でもきれいに見え、恥ずかしいとは思えなくなる。しかしそれが、自分だけだとダサく、恥ずかしく思う。みんながしていることをしないと、誤りと思う。みんなが戦争に行くのに、行かないのは罪悪と考えてしまう。同様に自分の頭の中にあるものは正しく、良く、慕わしく思う。しかし、初めて見る見知らぬものは、悪く、違和感を感じ、良くないものと直感する。

ここにも有る、あそこにも有るというものは、ここにも無い、あそこにも無いというものより、正しいと思う。同様に昔から有るというものは、それだけでも正しい良いものと思われがちである（明らかにその存在が有害と思われるものは例外だが）。

このように、「ここではあそこにもある、ここにもある、昔もあった、――――」という沢山あることが人間のあるべき姿となってしまっている。沢山とは「昔からある」というのと「今みんなしている」というのとの十字砲火の結果で、これが人間のあるべき姿や行動を決めてしまうのである。

この論理に、田舎の婦人会から一級の大学の研究室、右翼から左翼まで侵されている。昔からそうだった。自然はこのような法則に支配されている。動物の世界はこういう秩序に貫かれている。「お前も、この大自然の中の人間という動物の中の日本人。だから無論お前もそういう周りのものと同じくあるべきだ。――――伝統は正統で、正答。二千年も続いた、だからそれだけで正しい」こういったバカバカしい論理がまかり通る。

そんなことが言われるなら、昔からチョンマゲを結ってきたとなれば、チョンマゲにせねばならない。また代々酒飲みの家系ならその家の息子も酒飲みにならねばならないことになる。

人類の歴史を調べると戦争が絶えない。だから戦争すべきとなる。階級闘争をしてきたというなら今も階級闘争をしないといけないし、自然界は弱肉強食の生存競争をしてきたのなら、どこでもいつでも競争せよということになる。A子は万引き常習犯だ。いつもずーと続けてきた。だから、万引きが正しいとはならない。ゴキブリは人類よりはるか昔から生存してきた。だから、人より正しい存在である。云々ということにはならない。

これらの例のように、こういう考えがいかに間違っているか、今さら言うまでもあるまい。科学は事実について調べられても、人間がどうあるべきかは言えない。自然（宇宙）がどうなっていようと、昔から人間がどうしてこようと、人間のあるべき姿は、人の足の踏み場である自然により決められるのではない。また人間個人の理想とすべき生き方は、社会のあり方で決めてはならない。それは反対であって、社会のあり方を決めるのが各個人だからである。

そういう意味で聖書は、人間の生活の場である環境（大自然と社会）を神とする人間の考えを断固否定するのである。場は支配されるべきものであって、場に支配されるものではないからである。だが人間は長い問、この考えが理解できなかった。

そしてやっと自我の目覚めなるものが言われたとたんに、自然科学のもたらす知恵が、あたかも人間のあるべき姿まで決めてくれると思い込み始めたのである。

ただし、この例外を述べておこう。西欧人と日本人の買い物の仕方の違いについてである。それは某神学校でのことだ。西欧人K夫人は○○○のフランス料理を作ろうと決めると、何が何でも、その通りにそのフランス料理にする。ところが、その下でメイド的に仕えているM子は市場で安いものがあれば、それで出来る料理を考え、「今晩のオカズはこれにしよう」と決める。この方が安く済むに決まっている。

ところが、これが、K夫人には絶対にできない。西欧人が全部K夫人のようだとは思わないし、日本人が皆、M子のようだとは思わないが、西欧人は原則（かく有るべき）が先で、日本人は出たとこ勝負で周り（かく有る）に合わせるという傾向が強いのは否めないだろう。

西欧人は騎馬民族のせいか、キリスト教の影響か「有るべきが有るを決めるべき」と考え、日本人は農耕生活のためか、仏教の影響か、「有るを見て有るべきを考えよう」とするようだ。生活の手段の面に限定すれば、後者の日本人の方が賢明で、合理的である。しかし、人は何のために生きるのか、生きる意味は何か?という生きる目的の問いには、後者の考え方では答えは出ない。

日本の都市には都市計画というのがない。あっても徹底しない都市が多い。無計画に宅地を造成する。だから、狭い道のしかも曲がりくねった袋小路に家々が立ち並ぶ。不便この上ない。

はじめにまっすぐな大路をつけ、さらに碁盤の目のように道をつけて、家々を建てれば景観も美しく、便利で、互いの土地も活かせる。土地の値打ちがまるで違う。

「はじめに言葉（計画、理念）ありき」（ヨハネによる福音書 一章一節）で、土地も人生もこれで貫くことができれば幸いである。いきあたりばったりの出たとこ勝負の試行錯誤より、この方が良いに決まっている。しかしそれには、大所高所から、理想の都市（人生）とは何かを考え、将来を正しく見通す知恵が必要なのは言うまでもない。

事実と真理

事実と真理を区別しない人が多い。事実は今ある姿であるが、真理はあるべき正しい姿を指す。

乾燥した砂漠地帯の住民は常々、目の前の大地ではその様が事実であっても、大地のあるべき姿でない、と思っている。そこに大雨が降る、そうすれば不毛の大地に草木の芽が出、花が咲き乱れ、鳥が飛び、蝶が舞い、家畜たちが駆けるようになる現実をいつも見ている。事実が真理になったのである。死の地獄が生きものの充ちる天国になったのである。

神よ、あなたは豊かな雨を降らせて、疲れ衰えたあなたの嗣業の地を回復され、あなたの群れは、そのうちにすまいを得ました。（詩篇 六八篇九節、一〇節）

このようにして乾燥地帯の人々にとって天国、命、幸福、真理などはすべて雨とともに神のおられる天から来ると信じられる。

ある若者が身体はどこにも異常がないのに、棺桶が近い年寄りのように、毎日、何するともなく無為無駄に過ごしているとしたら、それが事実であるにしても、それは若者のあるべき姿、真理ではない。だが、こういう若者に天の神が命の言葉を与え、命の雨、即ち神の霊を注ぐならば、彼は死人が蘇ったかのように立ち直り、若者本来の姿に立ち返る。こうなれば彼は若者としての真理の状態になったのである。

事実、イエスは「その死人を葬ることは、死人に任せておくがよい（マタイによる福音書八章二二節）」と言い、「耳しいは聞え、死人は生き返り、貧しい人々は福音を聞かされている（マタイによる福音書 一一章五節）」と語る。

このような例から考えれば、事実（死）に価値（イエスの言葉）が加わり、神の創造の目的の下に置かれるならば、事実は真理に移行する。

宇宙万物は神の創造の手にある。だがそれも彼の御手を離れるにしたがって、その創造本来の姿（真理）から離れていき、その創造主の目的に合わなくなっていく。即ち用をなさなくなったから、その存在意義、価値を失っていく。

こう見ると創造という言葉の中には、創造主の「目的」とそれに合わせて造られたものの「内にある価値」が含まれているのがわかる。だから創造主の意図、目的に合わなくなったものはその存在と生存の意義、価値を失う。そうなればそのものは命を失い、破壊される。ということは造られたものは絶えず「何のために造られ生かされているのか」自問することが望まれる。神が造られた「自己のあるべき姿」から見て、今ある自分の有り様はどうか、比べることになる。自己の存在意義を問うのだ。

ところが宇宙自体が神であるとか、それを神様が生んだとか、それに神々が宿るという考えや信心では、こういう問いかけは生まれがたいのではないか。事実と真理、理想と現実の差は出来てこない。今ある現実は、その現実が神なのだから比較するものがない。だから、これを変えようなどという発想は起こりようがない。たとえ現状は不満であっても、何ごとでも運命的、宿命的なものとしてとらえているから、これを直そうなどとは思わない。

こう考えていく時、このある姿（事実）とあるべき姿（真理）を、即ち現実と理想をまず分けて考えられることが、科学や文明の発展や、社会の進歩にとってどれほど大切か、また一人の人間が命の在り方を百八十度変え、懺悔し、地獄行きから天国に凱旋するのにどれだけ大切であるか、わかろうというものである。

今、私は飢え貧しく罪深く、不毛の荒野に立つ。だが、天の神のもとには富と正義と命がある。神はこれを私に惜しみなく与えたもう。こう思う時、人は生きる。

C 見るだけの人と、それをする人（客観と主観）

見るだけの人とする人との違い（宝くじは買わない限り絶対当たらない）

私が住んでいる市はスーパーやデパートが多く、客の奪い合いがよくある。ある日、某スーパーの通路に、「見るはそごう、買うはダイエー」なんてえげつない看板が出ていたのであきれた。店にしてみれば、見るだけで買わないウインドーショッピングというのは困る。

生活が豊かになると、こういう見るだけの人、言うだけの人が増え、する人が減ってくる。同時に、この逆に〝する人〟が増え、見る人、聞く人が減っている所もある。劇場や映画館であろう。人に見せたいという演技をする人は増える。しかし演技は芝居だから、虚構の世界だ。見たがる人と見せたがる人というわけで、どちらもいわばする人でなく、見るあるいは見せるだけの人だ。

コンサートなどに歌を聴きに行くのと、自分も共に参加して歌うのとはまるで意味が違う。ダンスなど、ただ見ているだけと、自分がダンスするのとは、その楽しさの違いは非常に明瞭であろう。人気のスポーツでも、見るスポーツとするスポーツでは意味が違う。見るだけでは、身体を鍛えることにはならない。同じものでも「見る」と「する」とではまた大違いである。面白さがまるで違う。競輪、競馬、競艇などの賭け事に行き、ただ見ているだけでは、損はしない。しかし、絶対それで儲けることはない。

宝くじは買わない限り絶対当たらない。これは当たり前のわかりきったことだが、「ただ眺めているだけでは何も得ることができない」という極めて大事な真理だ。今日、このただ見ているだけで、それに参加しているように錯覚している（おまけにその錯誤に全く気付かない）人が非常に増えている。少しもかかわっていないのに、さも自分はかかわっていると考え、宝くじ（仕合せ）の配当が貰えるとすら考えているのである。

テレビをいくら見ていてもテレビゲームをいくらしても、どんな読書をしても、現実とは何ら関係ない。現実を生きていない、虚構を生きているのだ。ところがそういう人ほど、人生の真理を悟ったと自惚れ、他を見下すのだから始末に負えない。

昔、イエスは群衆を集め、室内や広場や湖畔でよく話をされた。

多くの人々が集まってきて、もはや戸口のあたりまでも、すきまも無いほどになった。そして、イエスは御言を彼らに語っておられた。（マルコによる福音書 二章二節）

ここに二種の人がいるのがわかる。信じる者と信じない者である。その信じる人々の中にも二種の人がいるのがわかる。心から信じる者、ただ他人事のように傍観する者である。一応信じ肯定するが、それほど積極的にかかわるつもりはなく、ただそれらを傍観している者たちである。

今日、どこの寺院や教会の礼拝にも二種類の人がいる。礼拝する人とそれを見ている人である。前の方に座る人はする人で、後ろの方の人は大抵それを見ている人である。見る礼拝とする礼拝は違う。ただ傍観し観察しているだけなら、信じる必要もない。しかし礼拝する人は信じねばならない。賛美し、祈り、献金し、交わりに参加せねばならない。しかし、ただ眺め見ているだけの人は、身体は参加しているが心は不参加だ。

世の中にも（疑い敵意を抱く者は別にして）、ここで言うような二種の人がいて、それぞれ自分の立場をそのまま言い得（大抵それに気付かない）て、あるいは弁護して自己の見解を述べる。どちらかというと、おしゃべりやペンを持つ知者は大抵「事をする人でなく、見るだけの人」である。

昔から賢者や聖人と称する人々が人生や自然についてイロイロそれぞれの見解を述べる。しかし悟りを開いたナンテ言い、非常に立派なことを述べても、所詮それは、その人の傍観者という生活態度を物語るにすぎない。その意味で、それは奇妙で歪んだ思想や意見なのである。なにしろ生活する人ではないのだから。当然、結論は自然宇宙は〝空〟であるということになる。というのは、彼らはそれら生活の場に対して無（空）関係でいるのだから。

傍観者でいられる人とは、要するに仕事をしていない人で、金持ちか乞食か遊び人であろう。修行僧などという宗教人の多くも、所詮他人の金で生きる怠け者の乞食か遊び人の類であろう。そういう生き方が「いかに文化的で高貴か」を説く様々な屁理屈、それが、星の数ほどというより、ゴキブリの数ほどある。様々な宗教書や哲学書がそうなのではないか。

その代表例として、そういう働かない金持ちを蛇蝎の如く嫌い、「宗教はアヘンだ（故に宗教家はアヘンの公然売人）」とまで言いきった共産主義思想の創設者のカール・マルクスはどういう生き方をしたのか？

ナント彼は、大金持ちの未亡人の愛人として生活していたのである。だから、そもそも彼の説いた共産主義思想なるものは、ヒモ生活正当化のため考案された哲学思想なのである。だからそういう思想に感動する者は、マルクスのような生活をしている者（親のすねをかじる学生や女の愛人になったヒモやマルクス政党の政治家）だけということになり、当然、「誰にでも（怠け者にも、ヒモにも、見ているだけの者にも）平等の賃金を出せ」と叫ぶことになる。ところが、学生をやめ、いざ働くとなると、傍観者をやめ、〝生活する当人〟になるので、直ちにこの思想の誤りに気付く。

これは、そのまま古今東西の宗教家にも言えるであろう。自分の傍観者としての生活の正当化のため、高貴な宗教や哲学を利用する。だが、そもそもその高貴なそれ自身、食わんがために汗水たらしてやった重労働なんてものとは反対の「傍観者の生活」の中から生まれたものだから、どんなに修業が積まれ、学問研鑽がされた者であれ、見ているだけの域を出ない。結局、彼らは善男善女の寄進で生活するのだから、乞食や遊び人と同じ部類の人々なのであり、その説く教えは現実の生活からかけ離れた無意味な虚構の屁理屈でしかない。

オウム真理教といえば、邪教魔教の代表であろう。かのサリン事件の起きた時、とんでもない宗教だ、と世間は騒いだ。その際、「他の宗教にはそんな点は微塵もない、正しい教え、立派な人々の集まり――」ナンテ報道機関は言い続けていた。そしてその言葉を大衆は皆、信じたようだ。しかし、教祖麻原は笑ってるだろう。「俺と他の連中とどこがどう違う、俺は急ぎポアしたが、やつらはわからぬようにゆっくりポアする。やっていることは同じで、似たりよったりじゃないか」と。

天動説（自己中心）が正しい？

人間の涙は水、塩、ミネラルその他に分解できる。またそれが体内で出来る過程や、人体に対する影響など知ることができる。科学の力によってである。

だが、それは悲しくて泣いたのか、嬉しくて泣いたのか、なぜ流されたのかは説明できない。その涙の意味を知ることはできない。ましてその涙を止める慰めの言葉を用意することはできない。これを知り、その意味を問い、慰める力を持つのが宗教であり、信仰である。

では、科学になぜそれができないのか。それは科学が、個々の一人一人の涙ではなく、涙一般を調べようとするからであり、またその人の内から尋ねようとするのではなく、外から第三者になって見ようとするからである。

科学と宗教の問題について、今コペルニクスやガリレオの時代に問題になった天動説と地動説で考えてみよう。もちろん、信仰の書である聖書は、はじめからこのどちらが正しいかなど問題にしていないが、どちらかというと天動説を前提としている。

神は日のために幕屋を天に設けられた。――それは天のはてからのぼって、天のはてにまで、めぐって行く。その暖まりをこうむらないものはない。（詩篇 一九篇四節、六節）

日とは太陽のことだから、これを読むと明らかに聖書は地動説ではなく、天動説の立場に立っているとわかる。だから聖書は誤りだという者がいる。だが、聖書は正しい。

古今東西、人間はそれが未開人であれ、近代の文明人であれ聖書の言葉のように太陽が東から出、西に沈むのを日々見てきたのであり、これからも見続ける。これを否定する者はいない。

正常な人間であれば、誰もこういうふうに見れる。ということは、そういう見方をすることで人はまず生きていけるということなのである。人は自分を中心にものを見、考え、感じ、行動する。人は、他人の空腹より自分の空腹に気付く。他人の痛みに感知しなくても、自分の痛みを感知する。まず、自分を生かすという責任があるからである。

自己中心的であるからこそ、まず生物としての人は生きていけるのである。地が動くのではなく、天が動いている（天動説）と思う。――これは人間が、自分中心に物を見、考え、感じるということの代表例である。

ということは、ネコはネコ的に世界を見、体験し、ネコなりの結論を出し、ネコ的に悟っているのである。しかもそれは誤った判断を下しているのではない。ネコにとり正しい判断のはずだからである。これはネズミであってもゴキブリであっても同じであろう。石であれ、草であれ同じであろう。

今、ここでネコがゴキブリを捕らえ、今まさに殺そうとしている。それを見て考えると、ネコにとり正しい観方、生き方がそのままゴキブリにとり正しいそれと言えるだろうか？　正しくないに決まっている。ゴキブリやネズミにとり正しい生き方が、ネコ的生き方そのものであるなら、彼らにとり、それは地獄であるので、不正な生き方であろう。

では、聖人君主が考え抜いた、これぞ真理という偉大な「世界観や人生観」においてはどうか。これと同じことが言えるのではないか。人間にも聖人君主もおれば、ネズミ的ゴキブリ的人もいるのである。

しかし人間には向上、進歩というものがある。ネズミやゴキブリのようにいつまでもゴミあさりして人から施しを受けてかろうじて生きながらえてる人から、施し与える人に変わらねばならない。むろんその施せる人にもイロイロあるが、どういう人が理想の人か、どういう人に変わるべきか、その理想の人とは何かを教え、その理想に至る道を教え至らせるのが、宗教である（ただし、それが、必ずしも大抵進歩向上ではなく、現状維持か、退歩退行の場合が多いので問題だが）。

私は第三者の人ではない

地動説は太陽と惑星の在り方を説明するのに、自分をこれらの星々を傍観できる宇宙に置いて見るという想定の上に成り立っている。確かにそういう宇宙に出て、この太陽系を見れば太陽が地球の周りを回っているのではなく、地球が太陽の周りを回っている。だから地動説が正しいと言えよう。だが、現実にすべての人間は宇宙の某地点に生活しているのではなく、地球の上に生きている。これを忘れて物事を正しく把握することは不可能であろう（だが現実はこういう足下を見ない恐ろしい論理がまかり通っている）。

人が救われるということは、まず個人的な問題の解決なのであり、他人ではなく自分の問題の解決なのである。誰かに親身になってもらえるということであり、自分と同じ立場で考えてもらえるということである。第三者の傍観者ではその個人を理解し得ない。王も乞食も同じ人というわけで、私というこの人も人間一般の中にあると、十把一からげに考えられたのでは救いようがない。

宗教は直接そのものと関係しているのである。科学は間接的にそのものと関係している。信仰の問題にしている事柄はすべて、「私とあなた」のかかわりである。これに対し、科学は何に対しても何事でも、「彼あるいはそれ」という第三者の傍観者として、事の外から見ているのである。

宗教はまず、私というこの世に一人しかいない自分の生存の在り方を問う。またこの私から世界がどうなっているか問うている。だが、科学は何事も外から見ようとする、だから自分はそこにいないのである。すべて他人事なのである（だから冷静で客観的に、誰にも納得のいく見方、考え方ができる。その点では良く素晴らしい。しかしこれでは本人の痛みはわからない）。

信仰は「わたし」と「あなた」というような神との個人的な出会いである。だからはじめから極めて自己中心的であり、信じるという自分の責任が重大となり得るのである。ということは、または信仰の対象である神も極めて個人的な特色を持つことになる。当然、聖書の理解も個人的なものになる。

人はパンだけで生きるものではなく、神の口から出る一つ一つの言で生きるものである。

（マタイによる福音書 四章四節）

パン（衣食住）は科学の力で、不自由する者は少なくなった。だが人はそれだけでは生きられない。神の口から出る一つ一つの言葉が必要なのだ。

この「一つ一つの言葉」とは、その時、その場に応じた、その人だけに必要な神から来る生きた言葉という意味である。だから神から与えられる言葉（それは今のあなただけに対する神の生きた言葉＝レーマという）は、それがたとえ文字となっている聖書の言葉すら、その解釈もその人にしか通用しないものとなる場合がある。

キリストは大抵、譬え話でもって真理を説かれた。そのわけは、その人の心に応じて信仰が働くようにされたためである。

あなたがたには、神の国の奥義を知ることが許されているが、ほかの人たちには、見ても見えず、聞いても悟られないために、譬えで話すのである。（ルカによる福音書 八章一〇節）

神はこの上「真理の御霊が来る時には、あなたがたをあらゆる真理に導いてくれるであろう（ヨハネによる福音書 一六章一三節）」とあるように、聖霊を与えて各個人を真理に導こうとされる。

「私は一般（的）です」は有り得ない

信仰とは、他人が代わることのできない、それほど個人的なものである。そもそもこの世に有るのはすべて個人であり、個物なのである。人は家一般に住むのではない。男は女一般と結婚するのではない。会社一般に就職するのでもない。学校一般に入るのでもない。このように、この自分という、生き、苦しむこの人間がかかわるものすべては、一つ一つの具体的な個物なのである。また私という人間は、この世にある何に対しても、第三者という無責任な傍観者ではなく、責任逃れのできない第一者として直接かかわっているのである。

こういう極めて大切なことが、ただ眺めているだけの人にはわからない。店の外からショーウインドウを眺めているだけなら、楽しい。しかし、イザ服を今買わねばならないとしたら、結構しんどい。今の流行りは何か、自分の好みはもちろん、愛する者の好みも考え、さらに自分の体型に合うかどうか、おまけに所持金と相談せねばならない。こういうのを楽しみにする者もいる。しかし、面倒なのでできたら避けたいと思う者も多い。

死の世界

真理と事実の根本的な相違は、事実が単に対象の現実との一致を意味するのに対し、真理は事実に加えて、この事実がいかなる意味、意義内容を持っているかを問う価値及び価値判断が加わってこそ、初めて真理たり得るのである。――これは前に述べた。

ところで、命は命のみから生じ、そして価値は命あるもののみから生まれる。しかも、価値は価値からのみ生じる。これを念頭に置いて考えると、物質と、これを探求して出来た事実の世界は、それが死の世界であるから生命がない。したがって、これより価値や意味付けというものは、最初からないのであるから、これらからは生じない。

そこでもし、そこに価値とか意味付けが生まれていたとしたら、すでにその事実と称するものに人間の主観が潜入していることは明らかである。もし、人間の主観を事実に対し入れたのなら、これはすでに事実ではなく誤謬である。したがって、主観の入ってはならぬ事実を探求する自然科学は、主観の付加されている真理について論じることはできない。まして、人の生きる目的などの哲学や宗教の根本問題等を論じる能力は、ないのである。

仏典では、「色即是空」といって、現象世界は空であって実体がないと主張する。これは宇宙、自然それ自体には何の意味も価値も、これらを生じる原因なるものもなく、そういうものがあると思うことが迷いなのだから、それを探求することはあきらめなさいと言っている。また釈迦より五百年ほど昔ソロモン王は、地上のものはいっさい空であるから、神を知らぬ人生には何の意味もない（伝道の書の全章）と言っている。このように、古代の最も知恵ある人々が、自然をくまなく捜しても、そこにはそれ自体には、意味も価値もないのだと言っている。

かくして、種や根のない所に芽が出るはずがないのと同様、事実の世界、即ち、科学をいくら研究しても、またこの科学に基盤を置く思想（マルクス主義は、その根底にユダヤ教的価値思想等が混入しているので価値判断を伴うのは、当然である）をいくら研究しても、これら価値や意味や目的等を扱う人間の生き方についての解答を得ることはできない。即ち、死の物質世界からは、生の人間世界を指導することはできない。

次に、科学は、その方法において、すでに人間の生き方について論じる資格のないことを考えてみよう。

科学の方法は、まず対象を把握する際に、純客観的にそれらを見ようとする。即ち、主観の入る余地を完全になくし、これによって対象を見る。人の主観より来る独断や偏見等をあくまで避けることによって、対象の真実の姿を見ようとする（その根底には、意識を離れても、事物は存在するという形而上学がある）。

この、純客観的であるというのは、対象把握せんとする当人が第三者即ち傍観者の位置にあり、常に公正な判断がいつも下せる立場に自分を置いているということである。そして、この第三者に自分を置いているということは、自分がいつも当事者に決してならない（即ちお客さん）ということである。このような自分自身の第三者的位置付けこそ、科学的態度の本質である。

したがって、事実の真相が正しく掴めたとしても、自分は決して事実の当事者にはなれない（見るだけの人）という問題を最初から抱えているのである。即ち、科学は他人の存在をいくら問題にできても、実存（自分の存在そのもの）を問題にすることはできないのである。

誰にでも明らかなことは、生きている人間は、生きていかねばならぬという生存の根源的使命を帯びているということである。この私が生きていかねばならぬということは、第三者の問題ではなく、当事者である私の重大、最大の関心事である。これに対して、科学は当の自分を、第三者の立場（見るだけの人）に追いやることをその本質的方法とするのだから、科学には、幸福とは何か、人は何のために生きているのか、人はいかに生きるべきか等の自己の生存や命の意味には少しも触れることができないし、これに解答を与えることなど、とてもできることではないのである。

外側より傍観者として、自然現象として人間を見ていたけれども、当の本人になり実存としての人間を見た時、今までわかっていたはずの人間が、本当はあまりわかっていなかったのだということに気付く。外側からお客さんとして、ただ眺めているということは、現象だけを追っていることになり、現象とは単に、それだけを捕らえるならばセミの抜け殻みたいなものだと言える。この抜け殻を捕まえて、真理を探究しても無意味なことは明らかである。

よくある質問

仏教でも、よく宇宙という言葉が出てきます。曼陀羅が宇宙を表しているとか。でもこの場合の宇宙とは、天体の宇宙とは違うんでしょう? 一体、宇宙とは何ですか?

〈答え〉科学と仏教の考える宇宙は、そこから人の生き方まで学べる神自身か、神の身体のように考えている。しかし科学でいう宇宙は、科学が事を常に客観化して考えるので、自己を第三者として、その宇宙の中にいないものとしてとらえる。だから、事の客観的な真相を正確に把握できよう。が、しかし、もはやその宇宙の中には自己はいない。自己はいないがゆえに、自己の生きる意味や生き方は問えない。しかし、仏教の考える宇宙は自己をその真ん中に置き、主観的にとらえるようだ。だから、自己と宇宙は一体と感じられる。しかし、一体だから、あるいは神自身だから、現状をただ宿命として受け止める〝あきらめ〟でしかなくなる。

しかし元来のキリスト教では、宇宙は人と神の住む家、生活の場とだけ考える。自分の住む家に「おれは何のために生きているのだ。教えてくれ」と頼むことが愚かなように、自然や宇宙に生きる意味や生き方を問うことはない。

D　愛（関係）で決まる

「いつまでもあると思うな、親と金」というのがある。

この逆に「いつまでもないと思うな、災と難」というのもある。親も金も有り難いが、いつまでもあるわけではない。やがてなくなる時が必ず来る（それへの備えがなければ、災と難となろう）。子（人）は親（金）が亡（無）くなって、初めて親（金）の有り難さがわかる。親（金）とのかかわりで自分が生かされているのだと悟る。

ところが親に捨てられることも、裏切られることも、失うこともなく、いつまでも甘えて、いつまでも依存しておれるなら、親の愛も親の恩恵にも気付かない。当たり前、あって当然、してもらって当然、というのは怖い。空気も水もたっぷりあって、身の安全もいつも保障されているような日本では、それらの値打ちが皆目わからない。即ち、一度も無関係になったことがないとしたら、「無関係になれば無になる」という当たり前のことがわからない。無関係に

郵 便 は が き

料金受取人払郵便

大阪北局
承 認

6123

差出有効期間
2023 年 5 月
3 1 日まで
(切手不要)

5 5 3-8 7 9 0

018

大阪市福島区海老江5-2-2-710

㈱風詠社

愛読者カード係 行

ふりがな お名前		大正 昭和 平成 令和 年生 歳	
ふりがな ご住所	□□□-□□□□	性別 男・女	
お電話 番 号		ご職業	
E-mail			
書 名			
お買上 書 店	都道 府県 市区 郡	書店名	書店
		ご購入日	年 月 日

本書をお買い求めになった動機は？
1. 書店店頭で見て 2. インターネット書店で見て
3. 知人にすすめられて 4. ホームページを見て
5. 広告、記事（新聞、雑誌、ポスター等）を見て（新聞、雑誌名 ）

風詠社の本をお買い求めいただき誠にありがとうございます。
この愛読者カードは小社出版の企画等に役立たせていただきます。

本書についてのご意見、ご感想をお聞かせください。

①内容について

②カバー、タイトル、帯について

弊社、及び弊社刊行物に対するご意見、ご感想をお聞かせください。

最近読んでおもしろかった本やこれから読んでみたい本をお教えください。

ご購読雑誌（複数可）	ご購読新聞
	新聞

ご協力ありがとうございました。

※お客様の個人情報は、小社からの連絡のみに使用します。社外に提供することは一切ありません。

なっても依然として「まだある、助けてくれる」ぐらいに考えているのである。

しかし一度でも、親に捨てられる、あるいは自分から進んで親から離れ、援助も何も受けないという状態、即ち無関係になった時、初めて「無関係とは無」なのだと気付く。日本人が親のように信頼する「自然とか世間様全体」が絶えず激変する諸外国の世界では、そこに住む人間自身が生活を守るため、あるいは自分たちの理想（宗教や思想＝それは神のかたち）を守るために、それら変化する自然とか社会に対応して、こちらの側も素早く変わらざるを得ない。人はそれらとのかかわり方、即ち関係の仕方を意識せざるを得ない。

自然とか社会とかいう場が信頼できないほど変わる世界では、特に関係があって初めてあり、関係がなければなくなる、また関係する相手によって、自分も別のものにされてしまうという意識を強く持つ。

関係があって初めてある（生きる）

子供の頃、野球をしていて、友人がホームランなるものを打った。ところがボールが飛びすぎて、草むらに消えてしまった。みんなで手分けして探したのだが見つからない。そこで皆口々に言う。「ボールがない」と。私は大声でどなった。

「アホか、さっきまであったのに、なくなるか、あるのに決まっとる。ただその場所が見つからんだけじゃ！」

確かに、今まであったものが急になくなるはずがない。ただ無関係になったのである。無関係ではむろん野球をするという目的に合わせられない、即ち役に立たない。確かにそのボールはあるには違いないが、草の中に「人知れずある」のだったら意味をなさない。

ところが多くの人（常識的な発想）は、ただあるだけで、何の関係がなくてもただ「あること」が、それだけで価値や意味を持つと思いがちである。そうなると、関係とか、愛とか、特に人格的な交わりというものが問題にされなくなる。

だが万物は関係により生まれ、関係（言い換えれば愛）により存在するのである。したがって、かかわりによって何でもあるのであって、かかわりなしには何ものも存在しない。あってもないに等しい。無関係は有を無にするから、生きているものすら死んでしまう。

人はもちろん、生き物は一人（一匹）では生きられない。一人で生きてはいけない。悪とは一人で生きようとすることであり、善とはみんなで生きようとすることと言ってもよい（このみんなで生きる道を開かれたのがイエスであり、それは彼の十字架の愛に表れている。かかわってこそものはあり、生きられる。その正しいかかわりが愛である）。

この「関係による」とは、もっと重要な問題を含んでいる。関係の相手との、その関係の有り様で、こちらの性質も、その意味も全く変わり、別ものになるという点である。

例えば女という字を見ても、それがよくわかる。古来男は強く優れていて女は弱く劣っているというのが当然の認識だった。だから「女＝悪い」というのは当たり前の発想で、女は虐げられ、学問には縁遠い存在だったので、当然文字には男の思想が反映された。

「女らしい」、「女々しい」で三人寄ると「姦しい」（かしましい）で、女一人なら原「始」から女は「ムロ」（むくち?）と言われている。女偏に鼻と書いて「嬶」（かかあ）、女に取ると書いて「娶る」（めとる）、「草」花の世話を女に「委」ねたが、女が水を忘れて「萎れる」（しおれる）、男二人が女一人に「嬲られる」（なぶられる）。若い頃、娘の頃には町の美人だったので好かれて夫の妻として我が家の「嫁」に来たが、今では古女房として「姑」に息子の嫁に嫌われる…。など。

『酋長の娘』という昔の歌に「わたしのラバさん酋長の娘、色は黒いが南洋じゃ美人。赤道直下マーシャル群島ヤシの木陰でテクテク踊る――」というのがあったが、美人などは土地により、時代により（人により）変わる。全てかかわる人、土地により皆それぞれ異なるのである。犬は、日本ではワンワンだが、アメリカではバウワウ、スペインではラドラール、フランスではワフワフで、イギリスはウーッで、中国ではウォンウォン、韓国ではモンモンである。猫は、日本ではニャーニャーだが、アメリカではミアウミアウで、スペインではマウヤール、フランスではミャオミャオで、中国ではミャーオミャーオ、韓国ではヤオンヤオンである。牛は、日本ではモーモーだが、アメリカとフランスではムームーだが、中国ではモウモウ、韓国ではウンメエエである。ニワトリは、日本でコケコッコーだが、アメリカではコッカドゥードゥルドゥーで、イギリスではトゥイートゥイートゥイーである。

神の言葉もそれだけでは生きない

ところがこういう違いが、クリスチャンと言われる人々にも、聖書学者という人たちにもわからない。聖書は、誰も読まなくても、その言葉を誰も伝えなくても、草の中のボールのようであったとしても、それはそれで存在意義があると思っているのである。何しろそれは畏れ多くも神の言葉なのだから、と。それだから当然、聖書の言葉をそのまま一言一句誤りなく語ること〝それのみが福音〟のように考えるということになる。

人も物事も関係によってあるということは、関係する対象によって、その本体の表れも全く変わるということである。またもし変わらないとしたら、それは生きたものにならない。

信仰深いと思っている人たちの多くは、イエス（神の言葉と言われた）でも釈迦でも、彼の言葉の一言一句をイエスや釈迦が語ったそのまま、まるでテープレコーダーに録音したかのように、聖書や仏典として書き記されていると思っている（そう思い信じる者だけが信心深い人で、そうでない輩は不信仰と考えている）。

だが事実はそうでない。今、これを聖書だけに限定して言えば、著者と言われるマルコ、ヨハネ、ルカ、マタイたちは、イエスと出会い、キリストと信じたその彼の目で見たままのイエスを、即ち自分たちの信仰の証としてイエス伝を書いたのである。

だからそれは事実とは違う、即ち「彼の弟子たちの解釈なのであって、決して歴史的事実の記録ではない」と言う者がいる。それで本当の姿はどうだったのか、歴史にとらえたら一体どうなるかという試み（史的イエスの探究）が懸命になされる。そしてその挙句の果てにそれは〝不可能とわかった〟という者がいる（例えば、赤岩栄ら多くの聖書学者の結論）。

こういうはじめからわかりきった結論（下記の事実の真実性を参考にせよ）に至り、愕然として信仰も何もかも捨ててしまうというのも愚かである。が、他方、そうならない前に、予防線を張り、聖書にある矛盾を一切認めないという福音派の偽善には、到底賛成できない。

だが、それはその著者にとっては否定し難い事実なのだ。というのは、そこに生きて出会う個々の人間を除いてイエスをとらえることはできないからである。即ち、どんな事実も、人の目に触れる限り、その人たちの解釈なのであって、決して歴史的事実の記録そのものではない。どんなことも、見聞きする人間を除いては何も語れないからである。

その上、人間といっても、人間一般が見聞きするのではない、生きている一人の人間がするのである。その一人の人とは、まず生きていかねばならない自分である。生きているということは、他人ではなく、この自分である。自分である限り主観的であり、間違いや偏見に満ちている。けれどもそれは、自分と会ってくれたただ一人の神の子である。だからこそ自分だけのものである。それは自分がこの世でただ一人のように、その救い主イエスもただ一人でかけがいのない存在なのである。この神の子との出会いこそ、信仰にほかならない。

ここには、先の地動説か天動説かの問題と同じ問題がある。もしイエスの言動をビデオで撮っておくことができたら、それは地動説的にイエスを正確にとらえたことになろう。が、それは所詮、血も涙も出ない機械のとらえたイエス・キリストでしかない。だからいずれそれも血の通っている人間が見ないと草むらのボールと同じになる。

イエスに出会った人たちは、血の通っている一人一人の人間であった。このことは限りなく重要である。人間一般がイエスを見たわけでも、彼の話を聞いたわけでもない。彼らは徹底的に自己中心的で、天動説的に生きている。彼らは決して科学者のように客観的で第三者の傍観者であったのではない。もしそうだとしたら、誰もイエスを信じはしない。先に述べたように、人は傍観者である限り、信じることは不可能だからである。

神の子を映す人間受像機

ある物の重さは七グラムといっても、それはそれを量ることができて初めて七グラムと言えるのである。ハカリなしには、あるいはそれにかかわるものなしには、重さはないに等しい。無限小であるとともに無限大でもある。それと同じく、何事も物差しがあり、比較するものがあって初めてとらえることができるのである。普通、人がすること、言うことのはじめは事物の判断である。その際、必ず物差しやハカリを使うが、そのゼロの起点は自分であり、はかる道具も自分、判断も自分である。

今、ハカリの仕組みを言うと、重さを量るのに最も正確なのは上皿バカリであるが、右に薬を載せたとすれば、左に七グラムの分銅を載せたところで釣り合うと、薬の分量は七グラムと判断されるということである。これが、すべて事物を評価し判断するということの基本的原理で、どんなに複雑なことも単純なことも、この仕組みから一歩も出られないのである。だから問題はその分銅の真偽で、またそれをどこから手に入れたのかということなのである。

聖書の言葉は、聖書の言葉そのままで生きるのではなく、それを読み、聞き、それに触れる者と共にあって、初めて生き、意味を持つ。テレビは電波を出す放送局だけで見られるのではなく、受けるテレビジョンが必要であるのと同じである。

それにテレビ受像機なら、規格は一様で同じ映像を結ぶ。だが神の電波を受ける受像機である人間は、極めて多様である。それも、あれが優秀で、これは劣るというような単純なことではない。皆、神の創造に適い、お互いに比較できない個性的なものである。だから人間の数だけキリスト像があることになる。するとそんなに色々あるのは誤りだという者が出てくるが、そうではない。それであって初めてその人も、内なる神の子も生きているのである。

しかしもちろん、その人間受像機に映るキリスト像は、その人間と極めて似たものになる。というのは自分の身体や心を物差しに対象をはかる、自分の何倍か、あるいは何分の一かをはかるだけなのである。だからそれは相手をはかっているというより自分をはかっているのである。イエスは言う「あなたがたの量るそのはかりで、自分にも量り与えられるであろう（マタイによる福音書 七章二節）」と。

だから、私たちが神の喜ばれる理想の人間になろうと努めねばならない。そのためには自己の内なる神の子であるキリスト像を、その理想のものに近づけるように心のイメージを描かないといけない。信じるものに私たちはなるからである。

創世記（一章二七節）に「神は自分のかたちに人を創造された」とあるように、私たちは神に似るように作られた。また「キリストは神のかたちであられたが――（ピリピ人への手紙二章六節）」とあることから、キリストは一方では神がどのような御方であるかを人に表され、他方では人の理想とは何であるかを行動で示される。だからペテロは言う。

キリストも、あなたがたのために苦しみを受け、御足の跡を踏み従うようにと、模範を残されたのである。（ペテロの第一の手紙 二章二一節）

事実の真実性

見るとは、自分の外にある自分を探すことでしかない。即ち自分からは一歩も出られない。ネコはネコ的に見、豚は豚的に見、ゴキブリはゴキブリ的に世界を見ているに違いない。このようにして、自己との比較にすぎない事実をようやく把握しても、それは一つの事実であっても、真の事実ではない。

今述べたように、対象を観察する時、科学の方法は、自分を第三者に置く。即ち、その対象と無関係の位置に自分を置くことによって、それを把握せんとする。だから、意識は離れても事物は存在するという思想を生み出し、これよりさらに、事物はお互いに関連なくしても存在するという哲学にまで進展する。

意識から離れても事物は、もちろん存在する。だが、この事物は、決して人の認知することのできない事物であることを知らねばならない。だからして、逆に、科学で扱っている問題は、すべて人の意識とのかかわりのうちにあることを認識すべきである。

ここで再度注意したいことは、関係するものが別のものになれば、同一の対象も全く変化する。即ち、関係するものが、その対象を規定するということにある。したがって、もし、人間とのかかわりが全くないものがあるとしても、それはただ漠然とあるにすぎない存在である。

こう考えていくと、事物が他の何物とも関係を持たないなら、それは有るとも無いとも言えない状態にあるが、現実的に言えば、他と無関係にあるものは無いに等しいと知るべきである。すべてのものは、何かと関係を持つことによって初めて有り、何と関係を持つかによって、初めてその事物の性格は規定されるのであって、最初から他と無関係に事物は有るのではなく、また、はじめからその性格も規定されているのではないのである。

科学の方法は、実験や観察を通して、対象の客観的把握を常に目的とし、これをとらえ、選択している。これは、対象を人間的理解のうちに制限付ける行為であって、対象の何ら関知しないことである。対象は決して、人間の限界の中に入れられるほど制限付けられていないことは明らかである。

したがって、対象の客観的に把握された事実といっても、人間が扱う事実であるから、この事実には、すでに目的が含まれ、価値がその場を占めていることは、その事実がなぜ取り上げられなければならなかったのか、またなぜそのような角度より取り上げられたのであるかを考えればわかることである。このように、客観的事実といっても決して客観的ではなく、人間の主観が主役を演じて、事実を主観的に取り出しているにすぎないのである。

この科学の方法は、対象把握のため、メートルやグラム等の約束事でしかない尺度や、反対するものがないから正しいと思えるにすぎぬ仮定を設け、これを規準にして事実を規定することを始める。

ここに次のような問題がさらに生まれる。
（一）今述べたように人間は、人間の基準に、即ち人間の型に自然を変形することによってのみ、自然をとらえることができるのだから、人間には、自然の実相というものは、わからない。
（二）何かを基準にしなければ客観的に事実を掴むことができない。そこで、この基準になるものを探し、これに絶対性の権威を与える。そこで、この基準を絶対視し、対象を絶対視しないことになる。その結果、対象の唯一性、即ち個性を無視し、何でも画一的に評価を下すようになってくる。

（三）事実真相の把握ということには、「規定する」とか「制限付ける」作用を持っている。そこで固定できぬものを固定し、制限できぬものを無理に制限し、結局、対象の本質の意味を狂わせるものもある。これに典型的なのが人間への評価であって、人の運命や人の知性と性格などに人が何らかの評価、判断を下す（心理学者や占い師等がこれをやる）と、これを信じ、人はその制限の中に閉じ込められ、未来にはばたく可能性に生きるなどという意欲もなくしてしまうことになる。

聖霊の介在

聖書の言葉は、聖書とそれを読む人とだけで意味を持つようになるのではない。生活の実感としてとらえられても、それだけでは「なるほど」と思えても、それ以上には進まない。それらに神の息が吹き込まれる時、神の言葉は真に生きるのである。

というのは、人間はいくら理性的でも、その内に働く霊によって、心はどうにでも左右されるからである。人に感動を与えたり、無感動にさせたりするのは、人を支配している霊の働きによる。だから使徒パウロは「霊によって霊のことを解釈するのである（コリント人への第一の手紙二章一三節）」と言っている。

いくら聖書を読んでも、いくら知識教養があっても、どんな学識があっても、それを書かせた神の霊が働いて下さらないと、本当のことは理解できないのである。このように神の言葉「聖書」も、生きている人と神の聖なる霊の働きが不可欠なのである。

同じ言葉を聞いても全く違うように取れる。イエスは自分の教えを喩え話で説いた。それは、その人の信仰に応じて理解できるようにとの配慮からである。だからイエスは言われる「およそ、持っている人は与えられて、いよいよ豊かになるが、持っていない人は、持っているものまでも取り上げられるであろう（マタイによる福音書一三章一二節）」と。

信仰のある者は信仰を働かせて信仰的にとらえ、いよいよ信仰深くなる。だが、信仰のない者は疑いを持って否定的に物事を見るので、悪い点しか気付かない。だから余計悪く考えてしまい、いよいよ不信を抱くようになる。

そのとき、人々が悪霊につかれた盲人で口のきけない人を連れてきたので、イエスは彼をいやして、物を言い、また目が見えるようにされた。すると群衆はみな驚いて言った、「この人が、あるいはダビデの子ではあるまいか」。しかし、パリサイ人たちは、これを聞いて言った、「この人が悪霊を追い出しているのは、まったく悪霊のかしらベルゼブルによるのだ」。

（マタイによる福音書　一二章二三節〜二四節）

イエスの奇跡にしても、全く同じ奇跡を見ても、このようにそれを信じて、よりイエスを信じる者と、より疑う者とに分かれていく。

このようにそこに働く霊によって全く違う解釈が生まれる。イエスはこれについて次のように言われる。

あなたがたには、天国の奥義を知ることが許されているが、彼らには許されていない。

（マタイによる福音書　一三章一一節）

現に私の場合、同じ聖書の言葉を読んでも、自分の鏡に映る顔が毎日違って見えるように、日によって全く違うように取れることが多い。それは、自分の信仰が日によって違うからであろうと理解している。

E　生まれと育ち（宗教や科学が生まれた環境）

どんなものも、そこに現実にある限り、何か（どこか）の場にいる。その場なし（場を考えないで）に、そのものは有り得ない。すべてのものは、その場にあるべくして有る。だから、それはまず、そこに「なぜあるのか」という必然性を考えなければならない。Ａがそこにあるということは、Ａがその場と調和しているということだから、その場からＡを推測でき、逆にＡからその場も想像できる。また調和してこそ有り得るから、当然、相互に影響を受け合う。

これは、民族やその文化や思想、彼らの生きた環境や宗教でも同じことが言えよう。その場合、それがある場や環境の力の大きさを無視できない。時に場や外見や容器が、その中身や内容を決定するということもあろう。

そういう点で、目的が手段に征服されてしまった、あるいは理想が現実に征服されたというのが、人類の歴史ではないのか。〝神の言葉が世界を創る〟（ヨハネによる福音書　一章一節～

三節参照）という理想とは逆に、世界の現実に〝神の言葉が創り変えられてしまった〟というのが、歴史の冷厳な事実なのではないか？

何かの宗教が民族の文化や思想や生き方を決めたのでなく、民族の生きた環境がその民族の文化や思想や生き方を決め、その生き方が宗教をも性格付け、決めたのである。だから開祖や教祖とは無縁としか考えられない。それでも、それとして通用する。だから逆に開祖や教祖が説いた教えは誤りで異端とすらされる。

人の良し悪しを国が決める時、法律の定めによる。その物差しである法そのものを裁く基準となると、むろん憲法となる。だが、その憲法を誰が裁くか、そういう物差しの物差しそのものを問題にするということを避ける傾向が、日本では強い。そもそもそういうものを問題にするという土壌がないのであろうか。

聖書を育んだ自然環境

長く雨の降らない砂漠の大地は、生命のない死んだ苛酷な世界である。

人は、そのよわいは草のごとく、その栄えは野の花にひとしい。風がその上を過ぎると、うせて跡なく、その場所にきいても、もはやそれを知らない。

（詩篇　一〇三篇一五節、一六節）

砂漠の熱い乾燥した風は、瞬時に青草を立ったまま枯らす。それはまた丁度手頃なたきつけになるほどに枯れ果てる。旧約聖書を伝えたユダヤ人の生きた自然と社会は、恐ろしい過酷な仕打ちを彼らにしてきた。またそれは瞬時に大変革するものであった。即ち自然や社会は絶えず彼らの間を引き裂き、また裏切ってきたのである。だからこんなものを神様にしていたのでは、命がいくらあっても足りない。それだから彼らは自然や社会を超えた別のところで、これを創造し支配された、永遠の神を見つけ信じたのである。

われらの助けは天地を造られた主のみ名にある。（詩篇　一二四篇八節）

自然はあくまで神の創造になり、いつか破壊されるものである。世間様という社会も、時代と共に変革されるものである。
先の天と地とは消え去り、海もなくなってしまった。（ヨハネの黙示録二一章一節）
もろもろの君に信頼してはならない。人の子に信頼してはならない。彼らには助けがない。
（詩篇　一四六篇三節）

このように聖書によれば、自然もその中に住む人間も変わるもので信頼できないものである。また人は自然や国家、社会の子ではなく、神の子供とある。ということは自然や社会は、そこから多くの学ぶこともあるが、人の親とか教師とか主人というのではなく、人間個人にとっての生きる場であり、生活の手段なのである。聖書の著者が前提にしている過酷な砂漠や荒野であっても、一度水分を含んだ風が吹き、天空から降る雨天ともなれば不毛の大地は一変する。自然の草木は芽を出し、生命が蘇るのである。

主に感謝して歌え、琴にあわせてわれらの神をほめうたえ。主は雲をもって天をおおい、地のために雨を備え、もろもろの山に草をはえさせ、食物を獣に与え、また鳴く小がらすに

与えられる。（詩篇 一四七篇七節より九節）

こういう環境の中において、人は「生命は神のいる天から雨と共に来る。だから大地自然の内にはない」という自然観を当然のように持ってくる。それでこれが発展すると、自然と次のような帰結に至る。

万物は、神が関与するところで初めて生き、生成変化する。だから神の働きがない場合には、万物は生成も消滅もしない。また神から来る命の元（神の霊）が宿らなければ、何ものも生命を持ち得ない、と。だから、聖書には次のように書いてあると言わざるを得ない。

土のチリを集めて神のかたちに造りあげても、それだけでは人は生きることはできない。地のチリには生命はないからである。それに、生命の実体である神の息（神の霊）を吹き入れてもらわなければ、人は生きたものとはならない。この神の息（霊）こそ人を真に生かすものであり、また万物の価値を根底から決めるものである。

神の霊はわたしを造り、全能者の息はわたしを生かす。（ヨブ記 三三章四節）

造られたものとは、そもそも壷、土器のように命がない。またものすごく無能で不完全なものである。だから罪を犯し、懺悔する必要が生まれる。万物は神に造られ、初めて在る。神に支えられて初めて在り得る。また神の息（霊）を吹き入れてもらうことにより初めて生きたものとなったのが人であった。その上、自然大地は、この神の息を宿した人間が生きることで初めて生きる意味を持つ。

被造物は、実に、切なる思いで神の子たちの出現を待ち望んでいる。……かつ被造物自身にも、滅びのなわめから解放されて、神の子たちの栄光の自由に入る望みが残されているからである。（ローマ人への手紙 八章一九節、二一節）

物の価値とは物の命であるが、これにも神が息を吹き入れて初めてそのものの値打ちが出てくる。だが、それも人を経由してである。神は息を入れ人を生かす、その上で人は物の価値を見い出すのである。

きびしい自然を背景とする土地に生まれた者であれば、理想と現実をはっきり区別して非常に冷酷に現実を直視し、理想は理想として、またきびしく現実と区別せざるを得ない。しかし、こういう砂漠という草木の生えない死の世界に天より雨が降れば、一転して命あふれる緑地に変わる。生命が大地に与えられたのである。こういう変化を目のあたりにできるところでは、「大地の現実は死、地獄であり、理想世界は天にある」との発想を容易にさせる。

人を正しく治める者、神を恐れて、治める者は、朝の光のように、雲のない朝に、輝きでる太陽のように、地に若草を芽ばえさせる雨のように人に臨む。

（サムエル記 下 二三章三節、四節）

雨が降ると大地に若草が芽生えるという現実を見る時、正しく治める者、即ち救い主の登場もそのようである。それは天という理想世界から来、その変化は革命的に激変するものである。これはイエスのすすめられた祈りにも「御国がきますように。みこころが天に行われるとおり、地にも行われますように（マタイによる福音書 六章一〇節）」とあるようにそのまま表れている。

だが雨が多い東アジアでは、雨が降っても降らなくても、大地は大きな変化を呈すことはあまりない。こういうところでは「ある」と「あるべき」の違いは生まれにくい。現実と理想の違いがあまりない。だから自分の人生、社会、国家、生活の変化を嫌う。あるいはそれらを運命と考え、変革が可能であるとは思えない。

自然が神になってしまう風土

このような理想と現実を分けて考えられる乾燥した西アジアの大地に対し、日本や中国のような東アジアの四季の変化の著しいモンスーン地帯に生きる民には、両者を別のものとは考えにくい。なにしろ雨が降る前からすでに水が豊富にあるのだから、神の居られる天から何が降ろうと、大地の自然世界にあまり変化を見ない。

それでこういう地域では、西アジアの乾燥地帯で受け入れられた自然観は認めがたいところがある。東アジアでは、四季という時の自動的とも言うべき流れの内で、自然は様々な変化を繰り返す。こういう環境に生きる人々は当然大地の内にも、チリの中にも生命がはじめから宿っていると考えてしまう。また、万物は流転するように生物の内なる霊は、昆虫から獣、さらに人間に至るまでそれぞれ変転するカルマの法則の支配下にある、と考える。

このような世界では、当然人々は、「神は自然の内に命としてすでに宿っている」と見る（神道）か、「自然宇宙自体が生命体である」と見て、これを神と考える（仏教や自然科学）かのどれかに賛同せざるを得ない。

こうした風土のもとでは、多くの人にとって自然は神であり、やさしい母親である。この自然に対し、人間は自然のふところに抱かれた「まだはっきりした人格など持たない幼児」であると見ている。丁度マリアに抱かれて眠る赤子イエスのように自分たちを見ている。

自然に対し絶対的な信頼がある。これが破壊されるとか、これに見捨てられるとかは考えられないのである。だからこういう自然を神とする考えでは、無関係は無（死）に等しいという意味がわからない。そして母親には絶対甘えて、それ以外のものとは無関係の状態を求めようとする。また世間様という亡霊に絶対服従である生き方をしてくると、戦争や革命のような社会体制自体が激変することがない限り、無関係は無に等しいという体験を持ち得ない。

遊牧と農耕という生活の違いが生んだもの

わたしは良き牧場で彼らを養う。その牧場はイスラエルの高い山にあり、その所で彼らは良い羊のおりに伏し、イスラエルの山々の上で肥えた牧場で草を食う。

（エゼキエル書 三四章一四節）

これは聖書の著者の理想である。やがて救い主が来られればこのようになるとの預言である。山羊、羊を追う遊牧民は草のある所からある所に移動し、彷徨う。草がなければある所、あるはずの所に移動する。それも草のあるべき所にあるはずのものがないことがある。それも人間の働きで生え、育ったものでない。だから、あるとあるべきの違いは、人間の努力や理解を超えるものである。

だが農耕の民にとっては、あるべき所にあるはずのものがないというのは自分が怠けていたせいである。あるとあるべきとの違いは、自分の努力のあるかないかの違いである。あるとあるべきの違いは、容易に説明でき得るものである。農耕の民はそれがどんな土地であれ、その土地に絶対的にこだわる。その上、日本のような島国ではどこにも逃げられない。どんなに痩せた土地であろうと、狭かろうと、望みのない地方にいようと、同じ土地を一生懸命に耕し、そこに住むしかない。またそうなれば、ただみんなと同じように行動し、自己の保身だけを考え、消極的、保守的にならざるを得ない。だからその土地という環境が人間の在り方を決めると考え、それを神にする。

だが、遊牧民や騎馬民族にとっては、同じ土地にいてはならない。草がなくなれば速やかにある所に移動しなければならない。なぜなら、同じ場所に居続けると家畜は草の根まで食う。その一方で同じ土地に糞尿という肥料を過度に投じることになる。そうなれば、地は再び草を生じることがないまでに荒廃するからである。

また農耕民は一斉に水を引く、一斉に収穫するというふうに同じ田畑に出かけ、同調行動を取る。だが遊牧民は「その地は彼らをささえて共に住ませることができなかった。……どうかわたしと別れてください。あなたが左に行けばわたしは右に行きます。あなたが右に行けばわたしは左に行きましょう」（創世記　一三章六節、九節）とあるように、同じ家畜を飼うという行動は取れても、別の土地に行かねばならない。

また騎馬民族にとって、同じ土地にいつまでもいることは、敵の標的にされやすい。だから、絶えず移動することが彼らの生活の知恵となる。

こういう生き方をする彼らは、何のためにそこにいるのか意識せざるを得ない。羊や山羊に草を食わせるために、その地にいる。だから遊牧民は有能な唯一人の指導者を立て、現実的、実利的、合理的に考え動かざるを得ない。

土地を変えることは、そのまま家、会社、夫あるいは妻すらも簡単に変えることにつながる。ダメな亭主などとはさっさと別れ、すぐ新しい男とくっつく。だから永く付き合った者から見れば薄情に思える。だが、初対面の見知らぬ人には親切になる。

こういう行動は農耕民には非道に思える。仕事や異性を変えるなど軽薄なことであり、軽蔑に値する。だから絶望的な会社で働き続け、どうしようもないぐうたら亭主とも別れられない妻がいる。地縁、血縁の結束が固く、知っている人には親切だが知らない人には冷淡になる。

こうして土地の民は、土地、伝統習俗、家、親、先祖を神にする。だが家畜を飼う民にとっては、それらはあくまで生活の手段なのである。神はそれらを超えたところにおられる。これからの世界は、都市化、国際化、流動化するに違いない。そうなれば土地にこだわる宗教は自分たちの生活実感からいって合わなくなっていき、受け入れがたいものになっていくに違いない。

聖書は、世界史を遊牧民と農耕民（アベルとカイン、ヘブル人とカナン人）、近代においては新移民と原住民との闘争と見ている。その歴史観は前者の勝利、後者の敗北と預言しているようであり、現実の歴史はそのように動いている。

信仰の父と言われるアブラハムは、生まれ育って老人になるまで長く住み慣れたバビロンの地を離れた。ここにその選民ユダヤ人としての起源があり、〝有る〟を〝有るべき〟に変えるべく約束の地に向かう。

数百年後、カナンに侵入しようとしたヘブル（後のユダヤ）人たちは、「今その土地、社会で信じられ支配している宗教はあるべきそれではない。即ち罪、悪、誤謬の元凶である。だからその魔教から彼らを救ってやらねばならぬ」という聖なる使命に生きたのである。これは神の言葉という、平和的手段で戦うキリスト教になっても同じである。だから宣教のエネルギーは、有るものと有るべきものの落差から生まれたと言える。

ただ、聖霊があなたがたにくだる時、あなたがたは力を受けて、エルサレム、ユダヤとサマリヤの全土、さらに地のはてまで、わたしの証人となるであろう。（使徒行伝 一章八節）

このキリストの預言がなされたように、世界の罪の「今ある」現実を、神の認める「あるべき」理想に変えるために、キリストの証人は地の果てまでも伝道して歩くのである。それは、世の終わりまで絶えることのない闘争なのである。

絶え間ない戦争と異文化の侵入、あるとあるべきの間に違いが生まれないのは、多様な変化が、自然だけでなく社会的にも少ないからである。戦争と異民族、異文化の侵入は、多様な価値感（観）の違いを露骨に表す。

「……わたしの言葉を火とし、この民をたきぎとする。火は彼らを焼き尽くす」。主は言われる、「イスラエルの家よ、見よ、わたしは遠い国の民をあなたがたのところに攻めこさせる。……」（エレミヤ書 五章一四節、一五節）

こういう預言がしばしばされたこの国では、事実、多くの超大国の軍馬の為《な》するところとなった。そうなれば昨日まで正しい、美しいと思っていたものが異邦人、異文化の侵入によって今日には間違い、醜いとされることがしばしば起こったのである。

昭和二十年八月十五日を境にして、日本では天と地が逆転したような変化が急激に訪れた。このようなことが、聖書の世界では絶えず起こっていた。そこでは、過去（民族の伝統や歴史）と現実（異邦人の強制するそれ）と理想（自分たちが選択すべき未来の在り方）の違いを明確に区別しないと、文化的には生きていけないのである。

ところが日本のような閉鎖社会では、他と比べることができないので「ある」が「あるべき」になってしまう。

また自由のないところには、人間が何のために生きているのかという問いかけがない。あるとすれば、国家や社会に奉仕するためにだけ人はいることになる。そういう国や社会では、思想、宗教、言論が一元化されていて、その自由がない。考える自由がないと、人がどうあるべきかは、その一元のレールの上で問われるだけで、それ以外に問いようがない。

人はめいめい自分の罪によって死ぬ。すっぱいぶどうを食べる人はみな、その歯がうく。……しかし、それらの日の後にわたしがイスラエルの家に立てる契約はこれである。すなわちわたしは、わたしの律法を彼らのうちに置き、その心にしるす。わたしは彼らの神となり、彼らはわたしの民となると主は言われる。（エレミヤ書 三一章三〇節、三三節）

エレミヤのこの時代は、まだ人々は集団全体、種族全体で行動し、個人の責任の問われない時代であった。親が子の結婚を決め、職業を決め、罪は全体責任であった。また親の因果が子に報いるというように、罪の結果としての刑罰は子孫にまで及ぶとされた。

だが「それらの日」即ちキリスト教の時代になると、神は集団の中に住まわれるというより、一人一人の心の内に住まわれる。そうなると自分の行動の結果は、親の責任や環境のせいではなく、自分の責任となる。

自由とは、自立なしにあり得ない。自分で考え、判断し、自己の責任で行動する。ここで、初めて人は「ある」と「あるべき」の深刻な違いに気付くのである。

内藤　正俊（まいとう まさとし）

1945年兵庫県生まれ。67年キリスト教に入信。69年日本大学卒業（哲学専攻）。現在、加古川市の宝殿イエス教会および北大阪イエス教会の牧師。著書に『バイブル大予言』『大悪魔祓師イエス・キリスト』『反・気くばりのすすめ』『国富みて心貧しく』（潮文社）、『キリストと核戦争』（かんき出版）、『この予言を封じておけ』『懺悔書』（リヨン社）などがある。

連絡先＝〒675-0043 兵庫県加古川市西神吉町中西238-7

科学と宗教 —その本質的違いと関係の解明

2021年8月30日　第1刷発行

著　者　内藤正俊
発行人　大杉　剛
発行所　株式会社 風詠社
〒553-0001 大阪市福島区海老江5-2-2
大拓ビル5 - 7階
Tel 06（6136）8657　https://fueisha.com/
発売元　株式会社 星雲社
（共同出版社・流通責任出版社）
〒112-0005 東京都文京区水道1-3-30
Tel 03（3868）3275
装幀　2DAY
印刷・製本　シナノ印刷株式会社
©Masatoshi Naito 2021, Printed in Japan.
ISBN978-4-434-29240-8 C0014

乱丁・落丁本は風詠社宛にお送りください。お取り替えいたします。